DANS UN VOL DE COLOMBES
Petits cantiques des morts et des vivants

MARIE TUYET

DANS UN VOL DE COLOMBES,
Petits cantiques des morts et des vivants

Le Chant de l'Âme, Tome II.

Couverture illustrée par l'auteur

Mentions légales : ©2019-MarieTUYET
Edition : BoD- Books on Demand , 12/14 rond-point des Champs Elysées, 75008 PARIS.
Impression : BoD - Books on Demand, Norderstedt, Allemagne
N° ISBN : 9782322127955
Dépôt légal : avril 2019.

À mon Père, si loin, si près
À Maman, forte et courageuse
À ma sœur et mon frère
À mon mari et ma fille
À ceux que j'aime
Aux chercheurs d'Âme,

William Blake :

Un voilier passe...
Je suis debout au bord de la plage.
Un voilier passe dans la brise du matin,

Et part vers l'océan.
Il est la beauté, il est la vie.
Je le regarde jusqu'à ce qu'il disparaisse à l'horizon.
Quelqu'un à mon côté dit : « il est parti ! »

Parti vers où ?
Parti de mon regard, c'est tout !
Son mât est toujours aussi haut,
Sa coque a toujours la force de porter sa charge humaine.
Sa disparition totale de ma vue est en moi,
Pas en lui.

ST GUILHEM-le-DÉSERT
Le 16/09/2017.

Que rien ne se retienne Ô Très Haut
De ce qui m'entrave ici-bas.
Voici ombres et chaînes et cortèges de doutes
Tout ce qui se met en travers de ma route,
Le voici déposé pour toujours, à jamais, à Tes pieds.

Comment regretter ce qui faisait souffrir ?
Les regrets ?
Laissés derrière, dans la poussière.

Ce qui était colère
Ce qui était si lourd,
Ce qui était tristesse,
Tourments de nostalgie.

Tout a été balayé.
Désormais, de nouvelles pages blanches peuvent s'écrire.

j'ai perdu trop de temps.
Laissé aux doutes, à l'ignorance,
À la paresse, à l'impuissance.

Qui peut dire combien d'heures il lui reste jusqu'à la mort ?

Auras-tu faim ? Auras-tu soif ?

De ce qui te prend et fait chanter les âmes

Auras-tu faim de ce qui seul jaillit du cœur
Et qui abreuve
Et qui abreuve

Monte à la colline !
De là tout se voit et se pare
De larmes de joie.

Oui je monterai à la colline
La colline aux étoiles
La colline aux bergers
Celle des brebis qui paissent aux bruyères vivantes,
Monteront les parfums
Et les bruits des villages
Le travail des hommes enfantés de la Terre

Oui j'irai sur la colline
La colline aux corolles
La colline aux oiseaux

À droite scintillera la mer
À gauche veilleront les montagnes

J'entendrai tous les sons
Des cailloux et des airs
Et le vent sera sonnailles
Sonnailles du temps qui passe
Semences de l'espace
Je chanterai la vigne et l'olivier qui danse

Les temps de Paix reviendront
Ils reviendront bien après les orages
Quand les cœurs seront prêts pour Elle.

Le 19/04/2018, Castelnau.

Moi je n'ai de douceur aucune

Et de la délicatesse du cœur, je n'en perçois que l'ombre fine...

Alors je pars aux chants d'oiseaux.
Je pars aux rivières, je pars aux flûtes
Je danse aux nuages et aux feuilles qui tremblent

Et si je pleure dans la Lumière
C'est que mon cœur n'est pas encore assez né
Pour contenir toute cette beauté.

Dans le Silence du cœur s'enfuient les choses qui n'ont pas lieu d'être.

Alors une fontaine.
Alors un rire d'enfant.
Alors une montagne haute et fière d'où l'on peut voir un monde nouveau
Qui s'éveille dans l'Aurore revenue de l'Enfance...

Alors un chant d'amour pour toi, mon Amour

Alors... LA VIE.

« - *Ô petite âme non née* ! me dit l'oiseau en vol. *Où en es-tu de Dieu ?*

- Dis- Lui, Oiseau, que je suis en chemin,
Mais mon pas tremble encore.

Dis-Lui : je ne sais pas très bien
Ce qui est de moi dans ce qui est de Lui.

Dis-Lui : j'espère le monde nouveau
Où tout ce qui ne serait que rêve
Soit vrai au cœur de chaque chose.

Dis-lui : mon cœur est cette petite étoile
Qui n'est que le pâle reflet de l'Astre en moi qui luit.

… Dis-lui encore, ô Oiseau :

J'allume des étoiles la nuit pour qu'il fasse jour
Et au matin je cherche l'ombre fraîche du puits.

Je sais l'eau cachée du désert
Et la source qui se tait murmure à mon âme des mystères infinis.

Je n'ai plus peur des orages
Et je ne fuis plus aux tourmentes des heures.

Car quelque chose de très beau brûle en moi

Comme un petit feu d'Amour qui ne peut plus s'éteindre.

Mais le petit Feu d'Amour qui ne peut plus s'éteindre,
À qui le donnerais-je ?

À celui qui pleure
À celui qui erre
À celui qui cherche un puits pour boire
À celui qui attend que Tu reviennes
Et qui ne sait pas encore combien il T'aime.

Alors j'appelle le Beau pour qu'Il revienne.
Alors je pleure le Pur pour qu'Il nous aime.
Alors je deviens le brin d'herbe assoiffé
Qui n'attend rien que du Ciel de Vie.

La fleur pauvre des champs perdue aux vents des multitudes
Qui la sait ?

L'Unique sait.

Seul, Il en connaît la splendeur et la droiture,
Quand moi j'en devine à peine le parfum léger.

Son regard d'azur en moi s'infuse,
Je danse aux airs vivants.

Soudain je déborde d'Amour.

Christ dit :

« - Ne dis pas : Je ne suis que Ténèbres, mais dis : Dieu est Lumière *».

Ô Parole de Vie !

*(Maria Valtorta, L'Evangile tel qu'il m'a été révélé, 3è tome.)

Et je L'aime et je L'aime

Ce Dieu qui ne se voit
Mon doux brasier d'Amour
Qui plonge tout en moi
Et je L'aime et je L'aime
Celui qui ouvre en moi
Ce chemin de Lumière
Où se posent mes pas…

Se peut-il que ma vie
Se fasse Source et Vie ?
Se peut-il que mes nuits
Pour toujours m'irradient ?

Et je l'aime et je L'aime
Comme s'en vient le jour
Oserais-je sur la terre
Chanter au Vent d'Amour ?

CE RÊVE SI BEAU.

Ô Harmonie du Ciel parfait !

Je me souviens de ce rêve si beau qui n'était pas un rêve :
Un de ces rêves très rare qu'on n'oublie jamais plus,
Et qui laisse son empreinte pour toujours en votre âme
comme un profond mystère…

Une Musique céleste emplissait tout le Ciel où je me tenais.
C'était comme un puissant murmure, de flûtes, de violons,
d'harmoniques si fines,
 Un enveloppement de notes de lumière et de beauté très
pures…

*Et puis soudain, des chants très beaux, unis en un seul
chœur…*
Quelque chose qui rendait heureux et qui montait très haut
Une musique inconnue des hommes et de la terre, et qui me
prenait toute …

C'était un rêve qui n'était pas un rêve.
Une vision dans mon sommeil…
Une Lumière heureuse qui n'était que Beauté et Musique,

*Un de ces mystères très beaux qu'on n'oublie jamais plus,
Comme une connaissance dévoilée à mon humanité
D'argile.*

Se gonfle comme un nuage radieux,

Le cœur qui prie.
Léger,
Fécond.

Des fleurs et des roses, il y en a tant !
Mais celle qui pousse dans mon cœur
Il n'y en a qu'une.

Une promesse de Vie glisse sur les eaux de la rivière incertaine.
À peine un petit souffle, puis tout s'irise.

La Grandeur Éternelle est dans le petit Souffle,
Non dans le fracas d'un torrent ivre.

Et si jamais avant toi un jour je devais partir,
Dis-moi, me suivras-tu là où j'irai ?
Après la douleur et l'arrachement de nos cœurs hagards,
Là où j'irai, sauras-tu trouver la trace de mes pas dans le Ciel ?

Ils seront sur le chemin pauvre, tu sais, celui qui ne fait pas de bruit.

Je sèmerai pour toi des parfums doux et des petits chants d'oiseau
Pour qu'à leurs chants tu me retrouves.

Car le Ciel sans toi serait trop vide
Et mon âme se perdrait par l'azur des collines éthérées
Sans tes colliers de rire accrochés à mon cou.

Contempler l'Éternel sans toi à mes côtés
Ah ! serait par trop cruel…

Je t'attendrai tous les jours, toutes les nuits
Du Ciel et de la Terre
Et toutes les heures de mon éternelle vie,
Si jamais tu ne devais pas venir.

Mais je ne crains rien :

Notre amour est si grand,
Qu'il ne peut qu'être enchâssé au Tout Amour.

SOUFFLE D'AMOUR.

On dit que Tu es Lumière et Source…

Il Te suffit d'un petit souffle d'Amour, et tout prend Vie !

Dans le cœur des amoureux
Dans le ventre de la femme
Dans le bourgeon qui s'ouvre
Dans la goutte de rosée de l'aube nouvelle
Dans le regard innocent de la biche énamourée
Sous la frondaison des arbres qui dansent libres
Et dans la prière pure qui monte du cœur nu.

Puis, tout naît et trouve une forme.
La forme que Tu leur donnes et que tu créés par Ton Souffle.

Pourquoi le monde rejette-t-il ce qui est PUR ?

VALSE D'AUTOMNE

Je te donne un caillou pour écrire un poème
Le poème de ton cœur quand s'envolent les jours
Je te donne une plume comme un flocon léger
Déposé sur ta bouche en un joli baiser.

Je te donne un silence
Une flamme
Un nuage
Et le chant de mon âme qui se glisse dans ta main.

Vois cette valse d'automne
Qu'aujourd'hui je fredonne

C'est pour toi mon Amour
Que s'allume le jour.

Le 26/09/2018.

Les choses vraies n'émergent que du Silence du Cœur
Car c'est depuis là seul que Dieu agit.

Et je chante un chant nouveau.
Un chant de silence et de pétales de fleurs
Qui se parsème et s'ensemence
aux quatre vents.

PRIER, MAIS QU'EST-CE ?

Prier, mais qu'est-ce ?

Un cœur qui bat à l'unisson du Vivant.

Ces ombres que je T'offre
Pour que Tu les emplisses de Ton Amour.

C'est Ton sourire de Vie sur mon âme d'Enfant.
Ta caresse sur mes cheveux ensanglotés de larmes.

C'est la petite étoile que Tu sais,
Et que je n'allume que pour Toi dans le ciel de mon cœur.

Prier, mais qu'est-ce ?

Ce beau silence de paix qui monte de mon âme
Qui monte de mon âme quand Tu m'aimes.

Prier, mais qu'est-ce ?

Ce pont de vie que Tu as jeté entre le Ciel et mes larmes
Et sur la terre des hommes pour qu'ils reviennent à Toi.

C'est le salut du monde par le salut de l'âme nue.

Tu es le VIVANT, ô Très Haut !

Apprends-moi à aimer comme Tu m'aimes !

Apprends-moi ces mains qui cherchent le pardon après la chute
Le sourire de fraîche fontaine où il fait bon s'assoir quand il fait chaud
La porte qui s'ouvre en grand quand s'en vient l'ami du jour
Le rire d'enfant qui sonne si clair dans le matin radieux.

La Paix simple comme une soupe qui fume dans l'assiette.
Une maison douce où se reposent les âmes lasses et où respirent les cœurs unis.
Une odeur de pain chaud qui monte de l'enfance
Sa main sur mon épaule de femme et notre enfant qui danse…

Sous le regard aimant du Ciel et de la Voie lactée des Anges.

Le pays des Hommes Libres,
Où est-il ? Où est-il ?

Pas ici
Ni là

Peut-être ailleurs
Ou au-delà.

Non...
En dedans...
Ici
Et
Maintenant.

CACHÉ AU CHANT D'OISEAU.

Tu cries après les ombres … que tu crées
Tu meurs après les guerres … que tu fais
Tu saignes après les coups … que tu donnes
Et tu dis : pourquoi permets -Tu cela, DIEU ?

***

Caché au chant d'oiseau, JE SUIS.
Petit murmure d'azur, JE SUIS.

Dans le Simple et le Pauvre, JE SUIS.

Comment le monde peut-il Me connaître ?
(-lui qui n'aime que le faux ?)

***

Marche aux rives et aux chants d'oiseaux !
Aime les vies et les brisures des cœurs !
Touche les mains, essuie les larmes !

Dans le Simple et le Pauvre, JE SUIS.
Dans le VRAI et le PUR,
JE SUIS.

Alors, tu aimeras La Vie
Et mon Chant se verra dans la nuit.

LE MOINE ASSIS.

Le moine assis avait compris.
Les bruits, les luttes, les nuits obscures
Assis dans les nuits, assis dans les froidures
Chacun de ses ennemis, un par un, combattant :

Ses ennemis ?
Faux désirs, paresse, envie, parjure,
Orgueil, regret, luxure

Sans bras ni jambes, les ennemis terrifiants
Plus forts que mille cohortes de guerriers armés en armure
Nuées de fantômes, errant en d'infinis tourments

Assis dans les cris
Assis dans les vents
Le moine combattant.

Le petit matin le cueille souvent là, après la bataille
En haillons, dénudé, pantelant.

Plus riche que Rois

Vivant et Libre

Debout, dans le vent.

Mon âme est cet enfant fragile, nouveau-né et tremblant
Offert aux frémissements des ombres pâles ou noires
Offert aux tumultes des heures ou des vents.

Veille Ô Mère ta petite âme,
Veille-là comme ton propre enfant !

Alors, unie au firmament, va mon Âme, légère,
Légère comme plume au vent !

Fort, mon corps, aux racines profondes d'arbre,
Mon Âme-Corps, unie à l'Instant !

Et mes jours couleront
Parfois rivière
Parfois torrent

Et si parfois le lit s'assèche encore
L'été torride jamais ne dure
Car même l'hiver est promesse de printemps.

Pauvres mains qui ne savent pas donner
Pauvre corps à l'élan entravé !

Ô ! retrouver la fraîcheur des brises !
Quand tout n'était qu'UN
Emparfumé d'Enfance...

*... L'Enfant de mon âme est là devant moi
Qui m'attend et me guide
Comme l'Ange de Lumière attend les âmes
Sur les chemins d'eaux vives.*

SAIT-ELLE.
(à ma Fille)

I.

Sait-elle que c'est Toi, ô Très Haut, l'Amour que je lui donne ?
Sait-elle que c'est Toi, cet Amour si beau ?
Sait-elle que c'est Toi, l'Enfant qui s'en va dans le monde… ?

Chante petite Âme, enfant de notre Amour !
Chante ton éveil tandis que tu nous quittes,
L'aube du monde nouveau rendu au Divin !
Et toi mon cœur, chante pour elle jusqu'aux étoiles
Tandis que le monde la prend !

Oui je chanterai, les sources, les éclats d'eau
Les souffles et les murmures qui tremblent aux ramures,
Qui dansent aux flûtes et aux embruns
S'enneigent aux cimes des sapins,
S'ourlent aux vagues claires,
Murmurent jusqu'aux éthers
Pour ton Enfant si belle qui va, de par le monde sombre…

Je chanterai
Jusqu'au cœur de la mère qui saigne
Et qui a tout rendu
À l'Amour.

II. CONTINE DU DOUX COFFRET.

Dans le palais du corps, le doux coffret du cœur...
Que contient-il ? Que contient-il ?

*Il contient l'Âme belle
La Vierge, la Tourterelle,
À tout jamais promise au Ciel*

Elle attend sa délivrance
De l'homme sorti des transes

Cristal pur, morceau d'azur
Divin
Déposé ici, en chacun

Pour que l'homme la retrouve
Et en fasse sa Belle...

Ô mon enfant qui devient une femme !
Entends-tu le chant des âmes ?

*Il contient l'Âme belle
La Vierge, la Tourterelle,
À tout jamais promise au Ciel*

Perçois-tu le chemin qui mène à lui ?

*Elle attend sa délivrance
De l'homme sorti des transes*

Je te donne la clé du petit coffre.
Tu sais, le petit coffre vivant du cœur...

*Pour que l'homme la retrouve
Et en fasse sa Belle...*

*Cristal pur, morceau d'azur
Divin
Déposé ici, en chacun*

Ne la perd jamais, même si je devais un jour partir au loin.

UN CHANT SUR MES LÈVRES.

I.

« *La rosée enlève la poussière des fleurs* », dit le Seigneur.

Fais-moi fleur alors, que la rosée me lave
Fleur en pétales, que la rosée me pare,
Fais-moi fleur au matin quand le soleil se lève
Et jusqu'au couchant sous le voile des étoiles

Et je resterai ainsi qu'une toute petite chose
Dans la nudité de mon âme purifiée

Sous l'onction éternelle du Divin Baiser.

II.

Mets un chant sur mes lèvres, Ô très Haut !
Malgré la brume des jours et de mon cœur qui tremble

Un petit chant d'amour pour vous mes amours…

Vois ! Me voici telle la feuille qui palpite au vent !

Pour vous mes amours

La chanson du Très Haut
Dans le quotidien des jours…

                                                                 Le 19/04/2018.

RESOUVENANCE.

I.
Il faut se ressouvenir Ô mes Âmes
Du premier souffle sur vos fronts
Quand tout n'était qu'amour
Et que nous nous aimions…

Eût-il suffi que vous touchiez la terre
Pour que soudain tout s'efface et s'oublie ?

Mon chant d'amour partout vous cherche et soupire
Après vous,
Un manteau de joie et de lumière
Pour chacune.

II.
Vous étiez parfaites, le savez-vous ?

Cristallines

Promises à tout ce que vous pleurez ici-bas
Et que vous ne trouverez pas.

III.
Et pourtant, il n'est rien de créé qui ne l'ait été
Pour vous.

Tout parle de nous et du pays d'amour.
Regarde tout autour !

Est-il de plus Grand Amour ?

Même le plus insignifiant des brins d'herbe
Est un hymne à la Vie.

Écoute tout autour.
Est-il un chant plus beau ?

Même le plus petit frisson de brise
Chante la Vie.
Mais mes âmes préfèrent les choses qu'elles créent et qui meurent
Et font mourir les âmes qui veulent ces choses pour elles.

Un jour peut-être, m'entendras-tu.

Alors se déchirera le voile qui engluent les ombres à tes pas
Et tu verras.

AUX PORTES DE L'AURORE.
(Le psaume du mourant).

Le voici devant Toi
L'homme épuisé qui se meurt.

Aux portes de l'Aurore, que dira-t-il ?
Que dira-t-il l'homme de la terre qui s'en revient au port ?

Prends pitié Ô Très Haut, prends pitié
De celui qui nous quitte, épuisé
De celui que nos cœurs pleurent malgré l'abîme
D'entre ce qui est vrai et ce en quoi nous avons cru.

Prends pitié Ô Très Haut, prends pitié !
De celui que l'on pleure, épuisés,
Et qui malgré ce qu'on peut faire, ce qu'on peut dire,
Nous quitte à tout jamais.

Aux pieds de celui qui meurt
Ils restent là, seuls, hébétés.
L'épouse, la mère, le fils,
L'âme esseulée.

Prends pitié Ô Vivant, prends pitié
De nos pauvres cœurs désertés.

Saurons-nous voir dans nos larmes de douleur
Les perles de l'Amour tombées du Sang versé ?

Prends pitié Ô Sauveur, prends pitié
De nos pauvres âmes d'hommes, ignorées.

Que verra-t-il celui qui meurt
En quittant ses êtres aimés ?

Que verront-ils ceux qui le pleurent
En leurs sanglots brisés ?

Prends pitié Ô Très Haut, prends pitié
De nos pauvres croix incomprises, mésaimées.

Ne se voient que les clous, ne se voit que le sang ?
Ne s'entendent que les cris, les parjures des méchants ?
Prends pitié Ô Amour, prends pitié
De nos cœurs de douleur, inhabités.

Ô Miséricorde, Pur Esprit Paraclet
À l'heure de notre mort, reviens vite nous chercher !
Arrache-nous des brumes, déchire nos filets
Tout ce que nous pensions vie, en ce jour le défait !

Prends pitié Souffle Pur, prends pitié
S'effacent les parjures de nos vies exilées.

À l'heure de notre mort, quand s'endorment les corps
Que se déplient nos ailes d'hommes-dieux vers le ciel
Que se déploient nos âmes plus loin que les étoiles
Plus haut que l'univers et toutes les voies lactées.

Qu'elles montent vers l'Amour, ce pays que l'on sait
Où toute chose dure, où toute chose EST.
Et dans un rayon d'or monter vers Ta Splendeur
Porté par Ton Amour aux rives du Bonheur.

LE VOL DE COLOMBE,
Cantique de l'âme quittant nos rives.
(À Papa, Oncle Jacques, à tous nos morts).

Puis la voilà qui s'envole, la colombe
Comme un oiseau blessé par les morsures du monde…

Vole, petite âme, vole !

Retrouve sans peine ni larmes les rives douces que tu sais
Et que tu portes en toi depuis que tu ES.

Nos larmes sur ta main pour te dire : « - À toujours !
Ne crains pas Ô Amour
Car tu pars de l'amour pour rejoindre l'Amour. »

As-tu oublié le chemin jusqu'au port ?

Vole, petite âme, vole !

C'est un rayon d'Amour qui traverse l'espace.
Il nous vient de si loin que si peu s'en souviennent

Vole petite âme, vole !

En vérité, si près de toi ce chemin qui t'habite !
Il te prendra la main quand s'ouvriront tes ailes.

Puis tu traverseras les nombres, les airs et les espaces
Dans ce rayon d'amour que rien ne peut contraindre
Là où il te conduira, ni peine ni sang ni drame
Mais l'Azur, la Lumière, l'Amour originel.

Vole petite âme, vole !

Je m'en irai aussi dans un vol de colombes
Rejoindre les oiseaux et tous mes êtres aimés.
Entonneras pour moi le chant mélodieux
De la joie innocente, la Lumière éthérée.

Et dans Le Grand Mystère, pourrai enfin revivre
Et contempler sans peur l'objet de ma douleur !

À moi donc la Blancheur, la Lumière si vive
Le Souffle du Créateur, la beauté de Ses rives.

Vole petite âme, vole !

LA VIE EST UNE SOURCE.

La Vie est une Source qui jamais ne se meurt
Tandis que nous croyons que tout s'efface et pleure

Où est-il le chemin qui conduit à l'aurore,
Les rives claires et bleues, les heures de cristal d'or ?

Alors l'Oiseau me dit :

« -Ne pleure pas, ô ne pleure pas !
Tout est contenu dans ton cœur, même si tu ne le sais pas !

La source et la rivière
L'étoile dans la nuit
La paix pleine et entière
L'Amour au fond du nid ».

LE CHANT IMPARFAIT DE MON ÂME.

Le chant imparfait de mon âme
Est pur comme le ruisseau.

En voudras-Tu Seigneur, en voudras-Tu ?

Il Te rafraîchira le cœur le jour où las des injustices humaines
Tu chercheras une berge où reposer Ton corps.

Tu trouveras dans l'herbe pauvre un tout petit murmure
Timide, tremblant, non abouti.
Ce sera moi ! Ce sera moi !

Mais c'est pour Toi qu'il chantera,
Le petit ruisseau de mon âme !

L'aimeras-Tu ? L'aimeras-Tu ?

DIALOGUE DES DEUX VENTS DANS LES NUAGES.

L'ÂME :

Le vent vient chasser les nuages
Ce qui m'altère s'enfuit au loin.

Aurais-je encore des chaînes ?
Aurais-je encore des poids,
Maintenant que je suis libre ?

LE VENT :

De cela, Ô Âme, ne te trouble pas.
Ne te contemple plus dans tes miroirs de boue
Mais complais-toi en ce qui seul te donne
Des ailes d'ange et de Joie.

LE CŒUR :

Ô Âme pure !
Mon Oasis de bel augure !

Dieu pourvoit à tout.

EN MOI SE MIRE LA LUNE.

En moi se mire la lune,
 En elle tout se comprend.

Un chant s'élève.

Entends-tu la prairie qui s'éveille sous l'haleine de l'aube ?

II.
Dans le jardin nouveau chante
Le petit oiseau.

Ô que son chant est beau !

Monte la Lune...
Au ciel noir de l'ignorance
Une pluie d'étoiles d'or...

... Transcendance...

Je ferme les yeux.

Une fontaine de lumière déborde de vie.

TOUT EST.

Je me tiens là, à la croisée des heures nouvelles
Et mon Âme sait maintenant
La Joie pure du Chant
Qu'elle porte en elle.

Je suis Semence
Et Vie en la Semence.
Chaque instant vécu est une gemme
D'amour et de Lys, et de Lumière qui sauve.

Et je chante à la lune
Doux voiles de brume
Le chant de l'Âme UNE

Et je danse à l'Etoile
Enveloppée de voiles
Sous la voûte d'opale

Une danse infinie
Qui jamais ne finit
Et s'ourle mon âme
De mille petites flammes
Se pare d'or et de feu
En la Splendeur des Cieux.

À quoi penses-tu dessous la lune ?

À Rien.

J'écoute la nuit.

Le Silence.

Le chant des étoiles qui dansent dessous la voie lactée.

La lune qui monte au ciel en éclairant les ombres

Le chant nouveau du monde qui palpite et qui bat,
Comme le cœur du petit enfant
Qui sort tout chaud blotti du ventre de sa mère…

Et puis une autre lune
Une autre nuit…
Un autre Silence…

Encore un cœur qui bat.

Se mire en moi la lune
Et je respire en elle
Un chant s'élève…

Est-ce l'horizon qui s'ouvre enfin à moi
Ou moi qui m'ouvre à l'Horizon ?

LONGTEMPS LA SOURCE

Longtemps la Source a pleuré dans les nuits
Errante et assoiffée d'elle-même.
Entendais-tu sa plainte ?

Au jardin de l'Aurore la voici qui se pare
De murmures d'eau
De perles d'étoiles
De chants de lune

C'est pour l'instant sacré des heures retrouvées
Derrière la Soif appelle le Chant éternel
L'union des deux feux
Sacrés.

Pourquoi l'étoile pâlissante à ton visage d'ambre ?
Au long des nuits la plainte éplorée de la lune
Qui ne meurt au petit jour que pour l'aurore
nouvelle…

Chaque jour est un nouveau jour
Chaque minute l'instant de tous les possibles
Dont elle est l'enfantement suprême.

Et je vois et je vois à ton œil l'étoile qui brille
Et qui éclaire en ce jour premier
Les pierres du chemin que tu n'aurais su dire
Et qu'il nous faut prendre enfin.

L'Oasis chante au désert l'attente des cœurs nouveaux.
Toi et moi mon Amour
Nouvellement nés pour toujours...

Vois-tu ce rayon d'opale comme une lumière d'Ange ?
Il traverse les obscurs et toutes les ténèbres épaisses
Des luttes et de nos ignorances blêmes.
Il se fait caresse de Soie et Souffle de Vie…
Désir et Non-Désir s'engendrent sans cesse
-nous dit le Sage !
Et toi tu es le Chant de la terre
Et moi je suis Danse du Ciel !

Rien ne meurt jamais puisque tout vient du Ciel
Et y retourne…
Rien ne meurt jamais !
Les choses s'endorment parfois aux jardins des latences
Et quand l'Aube nouvelle s'éveille dans l'Aurore
Dépouillée de nos silences
Se touche de nouveau la VIE.

Vois-tu ce rayon d'opale comme une lumière d'Ange ?

Le brouillard suspend son vol et l'oiseau a perdu le chemin.
Qu'importe, pourvu qu'il vole !
Un jour, une trouée dans le Ciel
Et une terre nouvelle s'entrevoit.

Comme long est le temps des âmes qui naissent dans l'Aurore !
Longues les marches d'hiver et de brumes esseulées
Et des nuits sans fin ni espérances des jours
Si longs les jours de pain amer qui se mange sans faim
Et des feux dans l'âtre qui n'étaient pas une danse...

Au-dessus de nos têtes la voie lactée de nos royautés en germe
Le temps laissé aux nombres pour prendre forme et Vie
Un trajet de lumière qui traverse l'Espace
Et féconde la terre inculte de ce qui n'est pas encore né.

Patience ô mon cœur bouillonnant d'impatiences ...
Comme le galet de la rivière s'offrir aux roulis et aux tangages
Des ondes et des saisons qui passent et qui repassent
En ce qui n'est pas encore...
Que s'émousse ce roc à l'haleine de l'eau
Petits diamants d'Amour que nous serons un jour...

Est-il besoin de temps pour devenir AMOUR ?
Est-il besoin de doutes pour Le rejoindre un jour ?

Lui seul connaît le chemin qu'il lui faut prendre
Pour venir au-devant de toi
Et te couronner Roi.

Ô mon Aimé !
Juste s'offrir au TOUT AMOUR,
Royautés de nos jours…

Le 25 Octobre 2018.

LES MOTS DU VENT.

De quoi vis-tu Ô Âme libre ?

De Rien. De Tout.
D'une plume d'oiseau.
D'une invisible brise.
D'un ruisseau dormant.
D'une cascade ivre.

De l'Amour de l'Aimé dans ma vie.

Que prendre pour la route ?

Rien, nous est-il dit.
Seule ton âme simple
Assoiffée, ouverte
Comme une fleur sous la pluie.

Pour qui sont les mots que Tu me donnes Ô Très Haut ?

- Pour le vent qui les prend et les dépose
Au gré des soifs et des abîmes.

Là une montagne.
Ici un oiseau mort
Un petit pont sur l'eau.

Un peu plus loin une âme
Qui tremble de vie et appelle
À un sens plus grand.

- Oui mais quelquefois seul le vent feuillète mon livre,
Car il n'est personne pour les prendre.

Il disperse les mots qui s'ensemencent ailleurs

Dans la montagne
Près de l'oiseau mort
Sous un caillou de rien

Et le petit pont sur l'eau attend son heure…

- L'heure où une âme pressera son pas pour les prendre
Et les rendre
À la VIE.

Mon jardin, tu dors ?

Je vois bien que l'hiver t'enveloppe peu à peu
Le vent froid te glace et souffle sur tes lèvres pâles...
Cette nuit la hulotte a poussé encore sa plainte de nuit.
Elle a dit : « - Non, Il ne dort pas, il vit !
Comme un enfant qui sommeille en plein jour
Il vit !
Comme une rivière asséchée dont l'eau ne revient pas encore
Mais ne meurt pas, il vit !

Le matin il fait si froid, je vois bien que tu as froid
Toi aussi tu as des gerçures de neige aux branches basses
Et les rares feuilles perdues crissent une plainte sans cri.

Tu vis !

J'ai vu l'oiseau du matin sur la branche
Il dansait dans un rayon de nacre rose
Il réserve ses chants de vert printemps
Pour toi mon jardin qui est mon pays.

Quand reviendra la paix reviendra l'Amour et l'eau dans la rivière des hommes,

Tu vis !

Tu as dessiné pour moi des sentiers inconnus à travers l'herbe verte
Je les parcours en sentant les parfums nouveaux qui montent vers demain,

Tu vis !

Et le chien le sait bien lui qui te connaît si bien
D'ici de là il furète et revient

J'ai écrasé un petit thym dans la blancheur de la nuit qui s'en va et soupire
Aux brumes de l'aurore

Tu vis !

Ô mon jardin qui est mon pays !
Tu as si mal ! Mais tu vis !

Et je rêve à ce parfum qui monte et pare jusqu'à ma chevelure
De senteurs simples et profondes…

Mon jardin, tu vis ?

Je vois bien que la lumière te réchauffe les jours où l'on ramasse
Le bois pour le feu.

Alors je t'espère, revenu de tes ombres et de tes rages sombres, apaisé, unifié.
Alors je t'appelle dans les mousses qui chantent aux racines des arbres
Et j'entends comme un murmure, une brise, à peine chuchotée.
Car au jardin tout se contemple dans l'autre en ami et en frère
Et rien n'est inutile, et tout se fait en paix.

Tout en toi chante l'autre et le même,
Tu es riche de ce dont tu es beau et fort
Tu es pauvre de ce que tu ne sais pas donner encore
Tu es toutes les dissemblances et c'est pour cela
Que tu es riche de fleurs si rares et d'herbes frêles.

J'ai fait mon petit tour.
J'entends tous les bruits.

Après l'hiver, les jours heureux.

Le 6/01/2019.

Combattre l'ego perd l'homme et l'exile,
Mais servir l'Âme le sauve.

Dans la vallée des morts errent les hommes non nés de l'âme.

Petits cœurs priants, n'éteignez jamais la flamme !
C'est par votre amour silencieux
Que le monde tient encore debout.

Ce serait comme après une nuit de tempête par un matin radieux d'automne
Un vol de colombes dans un petit souffle d'air...

Et le corps épuisé par les luttes boirait aux nimbes de lumière,
Pleurant, éperdu d'amour, dans le monde vivant.

Ce serait comme cela.
Le chuchotis de Dieu à l'oreille des âmes
Redevenues
Nées.

Et quand l'heure sera là où le Souffle se retire
Du corps si las...
Mon âme saura-t-elle vers où poser ses pas ?

Sera-t-elle prête à entrer dans LA VIE ?

Jeune fiancée au seuil de ses noces
Oseras-tu dire à l'Éternel : *Seigneur, me voici* ?

DU MÊME AUTEUR

Ce recueil « Dans un vol de Colombes » a été écrit dans le sens du cheminement mystique de l'être vers l'éveil, et s'inscrit dans une trilogie spirituelle intégrant les recueils suivants : « Cherche Dieu ô mon Âme », et « Le Chant de l'âme », dont il constitue le tome II.

- *Le Chant de l'Âme*, éd. Nouvelle Pléïade.*(Ventes au profit des projets humanitaires de Poètes sans Frontières)*
- *Les petits Bonheurs*, éd. Bod.
- *Cherche Dieu Ô mon Âme*, éditions du Net.
- *Les Volcans de braise*, éditions Nouvelle Pléïade. (Vente au profit des projets humanitaires de Poètes sans Frontières).
- *À l'ombre des arbres en paix, poèmes pour la paix*, éditions du Net.
- *Pour que danse l'Enfance*, éditions à Fleur d'âme.
- *Contes et enseignements de Maître Shen*, éditions à Fleur d'âme.*(épuisé)*
- *Gongs d'Haïkus*, éditions à Fleur d'âme.
- *Pour que chante l'Enfance*, éditions Edilivre.
- *J'écrirai pour vous dire*, éditions Edilivre.
- *La petite fille aux feuilles de feu*, conte philo, éditions Edilivre.
- *Méditations aux Monts Huang Shan*, éditions Edilivre.
- *Lettres ouvertes à l'Amour*, éditions Edilivre.

Prix et distinctions :

- *Membre de la Société des poètes français depuis 2012.*
- *Membre de Poètes sans Frontières.*
- *Directrice des jeux floraux Méditerranéens.*

- Deuxième prix de poésie du département des Pyrénées Atlantiques aux Jeux floraux du Barn, Pau 2018 pour <u>Au hasard des chemins</u> (projet de publication en cours).
- Diplôme d'honneur 2017 de la Société des poètes français pour <u>Le Chant de l'Âme.</u>
- ACCESSIT des Jeux floraux du Béarn 2017 pour <u>Poèmes en voyage</u>.
- PRIX CHALRES BAUDELAIRE 2015, pour <u>Les Volcans de braise</u>, éd. Nouvelle Pléïade.
- PRIX POÈTES SANS FRONTIÈRES 2015, pour <u>Les Volcans de braise</u>.
- PRIX DE L'ESPOIR AUX JEUX FLORAUX MEDITERRANÉENS 2016 pour à <u>l'Ombre des arbres en paix, poèmes pour la Paix,</u> éd. du Net.
- PRIX DE LA COMMUNAUTÉ DE COMMUNES DE LACQ AUW XXIè JEUX FLORAUX DU BÉARN 2013, pour <u>Les Volcans de braise</u>.

BIOGRAPHIE

Marie TUYET est née en région parisienne en 1966 et déménage dans l'Hérault en 1980 avec toute sa famille, où elle réside depuis. Après des études en lettres modernes elle se spécialise en animation socio-culturelle et socio-éducative. Son parcours professionnel atypique, où elle interviendra successivement comme chargée de mission dans les secteurs du développement culturel (année 80), de l'insertion des publics en difficulté (années 90) et de l'ingénierie de formation (1998/2015), inspirera largement son écriture.

Écrivant depuis l'enfance, elle n'aura de cesse de coucher sur le papier sa quête de vie et du divin qui l'habite depuis toujours, ainsi que la défense des plus fragiles.

1992 marquera un tournant dans sa vie avec les rencontres fondatrices de Maître CHAU Wei-Son, maître d'arts martiaux traditionnels chinois et de son frère, qui deviendra son mari en l'an 2000. Désormais porteuse d'une double culture franco-chinoise, elle enseignera le taï-chi et le chi-qong en entreprise à partir de 1998, qui va devenir son activité professionnelle principale avec l'organisation de manifestations poétiques.

Elle commence à se faire publier en 2011, participe à de nombreuses manifestations poétiques dans sa région Occitanie ou à Paris, engageant son écriture pour les causes qui lui tiennent à cœur. Son premier recueil, « Lettres ouvertes à l'Amour » sera publié en

2011, et en 2012, elle sera admise à la Société des Poètes Français.

Elle voyage autour du monde en famille, et développe une vie de prière et de méditation, enrichie par les écrits des grands mystiques contemplatifs chrétiens, soufistes, taoïstes ou encore des sagesses issues des peuples premiers.